VOLKER MEHNERT • LENA SCHAFFER

HEUTE FEIERN WIR!

FESTE RUND UM DIE WELT

GERSTENBERG

VORWORT

Komm, lass uns feiern!
Geburtstag, Ostern oder Weihnachten: Feste gibt es überall auf der Welt! Meist warten die Kinder schon voller Vorfreude darauf. Wenn die ganze Familie zusammenkommt, Freunde eingeladen werden und der Duft nach köstlichem Essen in der Luft liegt, wissen wir: Heute wird gefeiert! Die Gründe, warum Menschen gemeinsam feiern, sind verschieden. Manchmal sind es wichtige religiöse Ereignisse wie zum Beispiel die Geburt Jesu, seine Auferstehung oder das Ende des Fastenmonats Ramadan. In Schweden feiert man Mittsommer – den Tag, an dem es im Norden des Landes nicht dunkel wird. In China freut man sich über den Beginn des neuen Jahres und in Kanada über eine gute Ernte. Obwohl alle Feste verschieden sind, haben sie auch viele Gemeinsamkeiten – beispielsweise gibt es immer ein Festessen!
Dieses Buch lädt uns zu gleich sieben Festen ein. Von Österreich bis Israel, von China bis Kanada nehmen uns Kinder mit in ihre Heimat und lassen uns an ihrem Lieblingsfest teilhaben: Warum wird gefeiert? Was macht diesen Tag besonders? Was kommt Leckeres auf den Tisch?
Klar – nicht alle Menschen in einem Land feiern ihr Fest auf dieselbe Weise. Du kennst bestimmt Leute, die an Weihnachten in die Kirche gehen, und welche, die lieber zu Hause bleiben. Außerdem gibt es Weihnachten natürlich nicht nur in Österreich, und Ostern ist nicht nur in Äthiopien ein wichtiges Fest. Und auch in Deutschland und vielen anderen Ländern der Welt feiern Familien Eid al-Fitr oder Chanukka!
Wir lernen in diesem Buch aber nicht nur sieben besondere Feste kennen, sondern erfahren auch etwas über die Länder und Regionen, in denen die Feste gefeiert werden oder sogar ihren Ursprung haben. Natürlich sind nicht alle Menschen in einem Land gleich. Ihre Wohnhäuser und ihr Familienleben unterscheiden sich – in China genauso wie in Kanada. Aber so wie die hier vorgestellten Familien leben viele Kinder mit ihren Eltern in den sieben Ländern, in die unsere Reise geht. Möchtest du sie kennenlernen? Dann lass uns gemeinsam mit Wang Li, Gebre, Zarif, Annika, Bob und Billy, Daniel und Simone tolle Feste feiern!

INHALT

THANKSGIVING
Kanada
Seite 28
MIDSOMMAR
Schweden
Seite 22
NEUJAHRSFEST
China
Seite 4
WEIHNACHTEN
Österreich
Seite 40
CHANUKKA
Israel
Seite 34
EID AL FITR
Marokko
Seite 16
FASIKA
Äthiopien
Seite 10

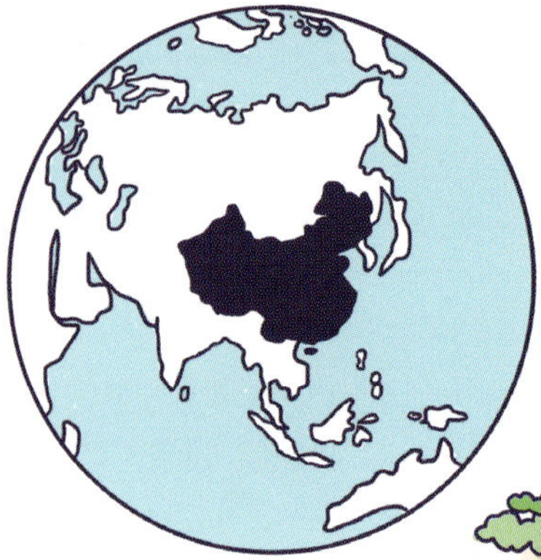

NEUJAHRSFEST

in China

Über das Land

Das riesige Reich der Mitte, wie China auch genannt wird, liegt im Osten von Asien und grenzt an 14 Nachbarstaaten. Quer durchs Land fließt der Jangtsekiang, der drittlängste Fluss der Erde. Im Südwesten reicht China bis zum Himalaya-Gebirge. Der Mount Everest, der höchste Berg der Welt, liegt genau auf der Grenze zum Nachbarland Nepal. Neben unwegsamen Gebirgen gibt es in China die riesige Wüste Gobi, aber auch fruchtbare Regionen mit Reisterrassen und Teeplantagen. Fast eineinhalb Milliarden Menschen leben dort, das sind 18-mal so viele wie in Deutschland. Sie gehören unterschiedlichen Nationalitäten und Minderheiten an. Fast alle sprechen Mandarin, das als offizielle Amtssprache dient.

Einer von ihnen ist Wang Li. Mit Vater und Mutter lebt er in einem Wolkenkratzer in der Hafenstadt Shanghai. Wie viele andere chinesische Städte auch, ist sie von Jahr zu Jahr immer größer geworden. Autos verstopfen die Straßen, und die Luftverschmutzung wird beständig schlimmer. Doch Chinas Industrie soll noch weiter wachsen: Die vielen Menschen brauchen Arbeit und Einkommen. „Bald werden wir Chinesen die stärkste Wirtschaft der Welt haben", hat Wang Lis Lehrer im Unterricht stolz verkündet. Eines der größten Feste haben sie schon: ihr Neujahrsfest.

MILLIONEN-STÄDTE
In China gibt es schon über 100 Städte, die mehr als 5 Millionen Einwohner haben. Jede von ihnen ist also größer als Berlin.

Unser Fest

Es war einmal ein böses Monster mit Namen Nian. Einmal im Jahr stieg es aus den Bergen herab, um die Menschen zu bedrohen. Bald aber merkten die Chinesen, dass das Ungeheuer Angst hatte vor Feuer, Lärm und der Farbe Rot. Also hängten sie beim Auftauchen des Monsters rote Tücher und Papierstreifen an die Häuser und machten mit Feuerwerk und Knallern eine Menge Krach. So konnte es fortgejagt werden.
Dieses Märchen hat der Großvater seinem Enkel Wang Li oft erzählt. „Auf diese Weise ist dann unser Neujahrsfest entstanden", hat er ihm erklärt. „Seither vertreiben wir das alte Jahr immer mit einem großen Feuerwerk. Und die Farbe Rot gilt als Zeichen für Freude, Glück und Reichtum." Das Fest heißt deshalb auf Chinesisch bis heute *Guonian:* „das Monster Nian besiegen". Weil um diese Zeit der Frühling beginnt, nennt man es auch Frühlingsfest.
Es beginnt am Neujahrstag und dauert 15 Tage. Der Neujahrstag wird nach dem traditionellen chinesischen Mondkalender bestimmt. Er fällt immer auf den zweiten Neumond nach der Wintersonnenwende, dem kürzesten Tag des Jahres im Dezember. Nach dem europäischen Kalender verschiebt er sich deshalb von Jahr zu Jahr auf ein anderes Datum. Jedes Jahr ist einem von zwölf Tieren gewidmet, das man zu Neujahr besonders feiert. Die Chinesen glauben, dass der Charakter eines Menschen vom Tierkreiszeichen seines Geburtsjahres bestimmt ist. Wang Li wurde 2014 geboren: im Jahr des Pferdes.

NEUJAHRSTAGE = ZWEITER NEUMOND NACH DER WINTERSONNENWENDE

2024, Jahr des Drachen: 10. Februar
2025, Jahr der Schlange: 29. Januar
2026, Jahr des Pferdes: 17. Februar
2027, Jahr der Ziege: 6. Februar
2028, Jahr des Affen: 26. Januar

CHINESISCHE TIERKREISZEICHEN
Ratte, Büffel, Tiger, Hase, Drache, Schlange, Pferd, Ziege, Affe, Hahn, Hund und Schwein wechseln in dieser Reihenfolge einander ab.

电气产品
欢度春节
春节
春节
食品和饮料
春节

节
欢度春节
特价房间
书籍和古董
欢度春节
幸运符
珠宝
瓷器
廉价住宿
3287 3678

Vorbereitung

Zum Neujahrsfest wollen die meisten Chinesen in die Heimat ihrer Vorfahren reisen – dorthin, wo die Eltern geboren sind und die Großeltern oft noch leben. Viele bleiben während der beiden Festwochen und nehmen dafür einen großen Teil ihres Jahresurlaubs. Mehr als 700 Millionen Menschen sind an diesen Tagen unterwegs. Es ist die größte Völkerwanderung, die Jahr für Jahr auf der Erde stattfindet. Weil sich so viele Menschen zur gleichen Zeit auf den Weg machen, gibt es immer ein Verkehrschaos. Straßen und Autobahnen sind verstopft, Busse und Bahnen sind überfüllt. Familie Wang steht auch im Stau. „Das müssen wir aushalten", sagt die Mutter zu Wang Li, „denn Oma und Opa warten das ganze Jahr lang auf unseren Besuch."
Im Haus der Großeltern wurden schon die Vorbereitungen getroffen. Am Abend vor dem Neujahrstag ist alles fertig. Die Zimmer sind blitzblank geputzt und mit Laternen erleuchtet. Der Großvater hat sogar neue Tapeten angeklebt. An Wänden und Türen hängen goldene Zeichen, die böse Geister vertreiben sollen. Rote Papierbänder mit kunstvoll gemalten Aufschriften versprechen Glück und Reichtum. Die Kinder bekommen Geldgeschenke, die in rote Umschläge verpackt sind. Die Familie versammelt sich zu einem großen Festessen, das bis spät in den Abend hinein dauert. Bei dieser Mahlzeit sind *Jiaozi*, eine Art chinesische Teigtaschen, besonders beliebt. Wang Li bereitet sie gemeinsam mit seinen Großeltern zu. Außerdem gibt es einen großen Fisch und *Niangao:* Das sind gedämpfte Neujahrskuchen aus Reismehl.

CHINESISCHE KALLIGRAFIE
ist die Kunst des Schönschreibens, eine Mischung aus Schrift und Malerei. Komplizierte Schriftzeichen werden mit Pinsel und Tusche sorgfältig aufs Papier gebracht.

FISCH = ÜBERFLUSS
Im Chinesischen klingt das Wort Fisch so ähnlich wie das Wort Überfluss. Deshalb wird der Fisch am Abend nicht komplett gegessen, sondern ein Teil für den Neujahrstag aufgehoben. So drückt man die Hoffnung aus, dass es im neuen Jahr immer genügend Essen geben wird.

Wir feiern

Kurz vor Mitternacht verlässt die ganze Familie das Haus. So will man das alte Jahr mit nach draußen nehmen und vergessen. Dann geht es ins Haus zurück und die Fenster werden geöffnet. „Jetzt kann das Glück des neuen Jahres zu uns hereinkommen", freut sich Wang Li. Gleich darauf beginnt mit dem Feuerwerk der erste Tag des Neujahrsfestes. Auf den Straßen werden lange Ketten aus roten Röhrchen und Knallfröschen angezündet. Sie explodieren mit Getöse in Wolken aus Rauch, Papier und Blitzen. Das Knallen und Krachen dauert stundenlang bis in den frühen Morgen.
In den nächsten beiden Wochen wird weiter gefeiert. Am Morgen des Neujahrstages bleibt man im Kreis der Familie, später kommen Nachbarn und Freunde zu Besuch. Alle wünschen sich „Erfolg und Wohlstand fürs neue Jahr". Und wieder bekommen die Kinder kleine Geldgeschenke in roten Umschlägen. Der siebte Tag ist ein ganz besonderer: Früher galt er für jeden Chinesen und jede Chinesin als Geburtstag – der Tag, an dem alle ein Jahr älter wurden. Aber in heutiger Zeit feiert man auch in China den Tag, an dem man geboren wurde.
Der letzte Tag bringt noch einmal einen Höhepunkt: das Laternenfest. In den Wohnungen und vor den Häusern werden Kerzen angezündet. Erwachsene und Kinder laufen mit Laternen durch die Straßen. Dann ist das Neujahrsfest zu Ende und der Frühling kann kommen.

FROHES NEUES JAHR

新年快乐

Xīnnián kuàilè

DIE ZAHL 8

In China glaubt man, dass einige gerade Zahlen Glück bedeuten. Besonders viel Glück bringt die Zahl 8. Deshalb sollten die Geldgeschenke in den roten Umschlägen möglichst eine Summe mit einer 8 am Ende enthalten.

LÖWENTANZ UND DRACHENTANZ

gehören zum Neujahrsfest auf den Straßen dazu. Der Löwentanz wird von zwei Personen aufgeführt, die gemeinsam in einem Löwenkostüm stecken. Beim Drachentanz bewegen mehrere Tänzer mit langen Stäben eine bunte bewegliche Drachenfigur.

FASIKA

Ostern in Äthiopien

Über das Land

Äthiopien nennt man auch das „Dach Afrikas". Denn ein großer Teil des Landes ist von unwegsamen Bergketten bedeckt, die zwischen 2000 und 4500 Meter hoch sind.

Auch die Hauptstadt Addis Abeba liegt auf ungefähr 2350 Meter Höhe. Weil es wenig regnet, ist oft das Wasser im ganzen Land knapp, die Landschaft felsig und ausgetrocknet. Die Ernte fällt dann aus und die Tiere haben nicht genug Wasser zum Trinken. Viele Bauern sind daher arm und müssen manchmal Hunger leiden. Deshalb versuchen einige ihr Glück in der modernen Hauptstadt.

In Äthiopien leben 120 verschiedene Völker und Volksgruppen. Sie haben ihre eigenen Traditionen und Religionen und sie sprechen ihre eigenen Sprachen. Gebre Dibaba und seine drei Schwestern Makeda, Almaz und Ayana gehören zur Volksgruppe der Amharen. Sie leben mit ihren Eltern, Großeltern und vielen Verwandten im Norden des Landes. „Die anderen Teile Äthiopiens kenne ich nicht", sagt Gebre, „aber ich möchte gern einmal Ostern in Addis Abeba feiern. Unser wichtigstes Fest in der größten Stadt des Landes – das wäre sicher sehr aufregend."

KAFFEE

In den fruchtbaren Regenwäldern der Region Kaffa wächst Wildkaffee. Äthiopischer Kaffee gilt als der beste der Welt. Die typische Kaffeezeremonie, bei der die Bohnen frisch geröstet und dreimal aufgebrüht werden, findet Ostern in jedem Haushalt statt.

LANGSTRECKENLAUF

Frauen und Männer aus Äthiopien sind erfolgreiche Langstreckenläufer. Bei den Olympischen Spielen haben sie schon mehr als 50 Medaillen gewonnen. Ein Grund ihres Erfolges: Sie sind von Kind auf in der dünnen Luft des Hochlands unterwegs, deshalb sind ihre Lungen besonders gut trainiert.

Unser Fest

In Äthiopien gibt es viele Religionen. Fast die Hälfte der Äthiopier sind Christen. Die meisten von ihnen, auch die Familie Dibaba, gehören der orthodoxen Kirche an. Die äthiopisch-orthodoxe Kirche wurde im 4. Jahrhundert gegründet. Alte Münzen, Kirchen und Bücher bezeugen die lange christliche Geschichte des Landes. Für orthodoxe Christen ist Fasika, das Osterfest, das größte Fest des Jahres und wichtiger als Weihnachten. Jedes Jahr wird der Termin dafür neu berechnet, deswegen ist Ostern anders als Weihnachten nicht immer am selben Tag. Und auch nicht am selben Tag wie in Deutschland, denn in Äthiopien gibt es einen eigenen Kalender. Gefeiert wird wie bei allen Christen die Auferstehung von Jesus Christus. Die Geschichte von diesem Wunder hat Gebre schon oft in der Kirche gehört: Die Bibel berichtet, dass Jesus am Gründonnerstag mit seinen zwölf Jüngern zum gemeinsamen Abendbrot zusammenkam. Da ahnte er schon, dass er am nächsten Tag sterben würde.
Und am Karfreitag wurde er dann tatsächlich von römischen Soldaten gefangen genommen und an ein Kreuz genagelt. Er starb und wurde begraben. Kurz darauf aber war sein Grab leer, und er erschien überraschend vor seinen Jüngern. Ein Engel verkündete, dass Gott ihn von den Toten erweckt hätte, um ihn anschließend zu sich in den Himmel zu holen. „Diese wundersame Auferstehung feiern wir jedes Jahr am Ostersonntag. Wir nennen sie *Tensa'e*", erklärt Gebre seinen drei kleinen Schwestern. Die vier Geschwister können den großen Tag kaum erwarten. Doch bis dahin brauchen sie noch ein wenig Geduld, denn vor Ostern liegt erst einmal die Fastenzeit.

MESSKELCH
Der Kelch wird vor der heiligen Messe bereitgestellt. Er kann Messwein oder Hostien enthalten.

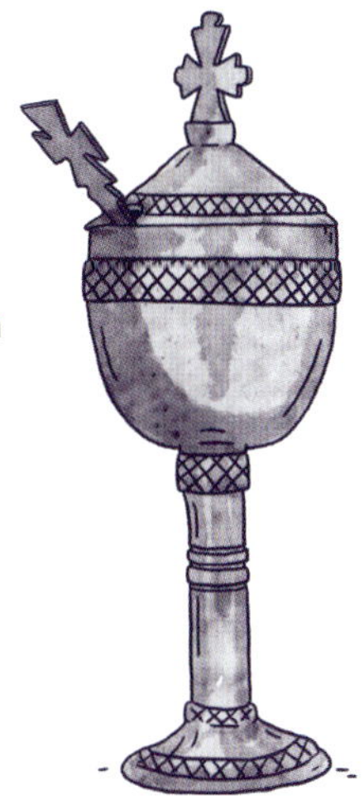

DER ÄTHIOPISCHE KALENDER
ist einer der ältesten der Welt: Er hat keine zwölf Monate, sondern 13. Die ersten zwölf Monate haben jeweils 30 Tage, der 13. Monat *Pagume* dauert nur fünf Tage (in Schaltjahren sechs). Weihnachten und Ostern werden deshalb zu einer anderen Zeit gefeiert als z. B. in Deutschland.

Vorbereitung

55 Tage vor Ostern beginnt für die orthodoxen Christen die Fastenzeit. Fast zwei Monate lang essen sie kein Fleisch, keinen Fisch, keine Eier, keine Milch – also keine Lebensmittel von Tieren. Während dieser Zeit gibt es auch sonst wenig Abwechslung, und deshalb freuen sich Gebre und seine Schwestern, wenn ihnen der Großvater Geschichten erzählt. Besonders gern hören sie die Legende von Lalibela, der Stadt, in der Äthiopiens berühmteste Kirchen stehen: „Vor ungefähr 800 Jahren war ein König namens Lalibela der Herrscher von Äthiopien, und er hatte einen Traum: Er wäre gern nach Jerusalem gereist. Doch weil das nicht möglich war, hat Gott ihm befohlen, im äthiopischen Hochland ein neues Jerusalem zu errichten. 23 Jahre lang hat der König daran gebaut – tagsüber ganz allein, und während der Nächte haben unzählige Engel sein Tagewerk fortgesetzt. Elf wunderschöne Kirchen haben sie nacheinander in den roten Tuffstein des Gebirges gemeißelt. Drumherum ist später eine Stadt entstanden, die den Namen von König Lalibela trägt." So erzählt der Großvater die Geschichte. Viele Wissenschaftler aber meinen, dass wahrscheinlich mehr als 40 000 Menschen beteiligt waren, um die Kirchen in so kurzer Zeit fertigzustellen. Natürlich finden die Kinder die Erzählung vom König und den Engeln viel schöner.

LALIBELA
ist nicht nur die Heilige Stadt von Äthiopiens orthodoxen Christen, die elf Felsenkirchen sind auch ein beliebtes Ziel für Besucher aus aller Welt – ganz besonders natürlich zum Osterfest Fasika.

FROHE OSTERN
መልካም ፋሲካ
MELKAM FASIKA

GE'EZ
ist eine altäthiopische Sprache, die nur noch wenige Menschen verstehen. Sie wird in der orthodoxen Kirche von den Priestern im Gottesdienst verwendet. Die offizielle Landessprache ist Amharisch.

Wir feiern

Der große Tag beginnt schon in der Nacht davor. Spätabends am Karsamstag versammeln sich die Menschen in der Kirche. Die Kinder sind selbstverständlich auch dabei. Alle tragen ihre schönsten weißen Gewänder. Die Priester verteilen Kerzen aus Bienenwachs, die aber erst nach Mitternacht zum Zeichen der Auferstehung Jesu angezündet werden. In der Kirche weht der Duft nach Weihrauch durch den Raum, die Stimmung ist sehr feierlich. Bis drei Uhr morgens singen und beten alle gemeinsam. Die Kinder dürfen in der Kirche umherlaufen oder sich zwischendurch ausruhen.

Frühmorgens kehrt Gebre mit seiner Familie nach Hause zurück. Jetzt ist die Fastenzeit vorbei. Einen kleinen Imbiss gibt es noch in der Nacht, danach schlafen die Kinder ein wenig. Am Morgen des Ostersonntags laufen sie dann durchs Dorf und verstreuen frisches Gras vor den Häusern. Es ist ein Zeichen für das Leben und die Auferstehung. Im Laufe des Tages folgt das große Festessen. Wie bei den meisten gibt es auch in der Familie Dibaba das Osterlamm zu essen und später *Doro Wot* – einen Eintopf aus Huhn, hartgekochten Eiern, Zwiebeln und scharfen Gewürzen. Dazu isst man *Injera*, ein dünnes Fladenbrot. Alles schmeckt köstlich.

„Das lange Fasten hat sich doch gelohnt, oder?", fragt Gebres Vater die Kinder. Sie stimmen zu, und alle wünschen sich *Melkam Fasika* – „Frohe Ostern".

TEFF
ist eine Getreideart, die in Äthiopien und im Nachbarland Eritrea besonders häufig angebaut wird. Man backt daraus das Fladenbrot *Injera* und braut Bier damit.

OSTEREIER
sind auch beim äthiopischen Osterfest wichtig. Sie werden aber nicht versteckt und gesucht, sondern kommen in den Eintopf *Doro Wot*.

BERBERE
heißt die feurig scharfe Gewürzmischung aus Chilipfeffer, Knoblauch, Koriander, Ingwer und Gewürznelken. Sie macht die Ostermahlzeit *Doro Wot* erst richtig lecker.

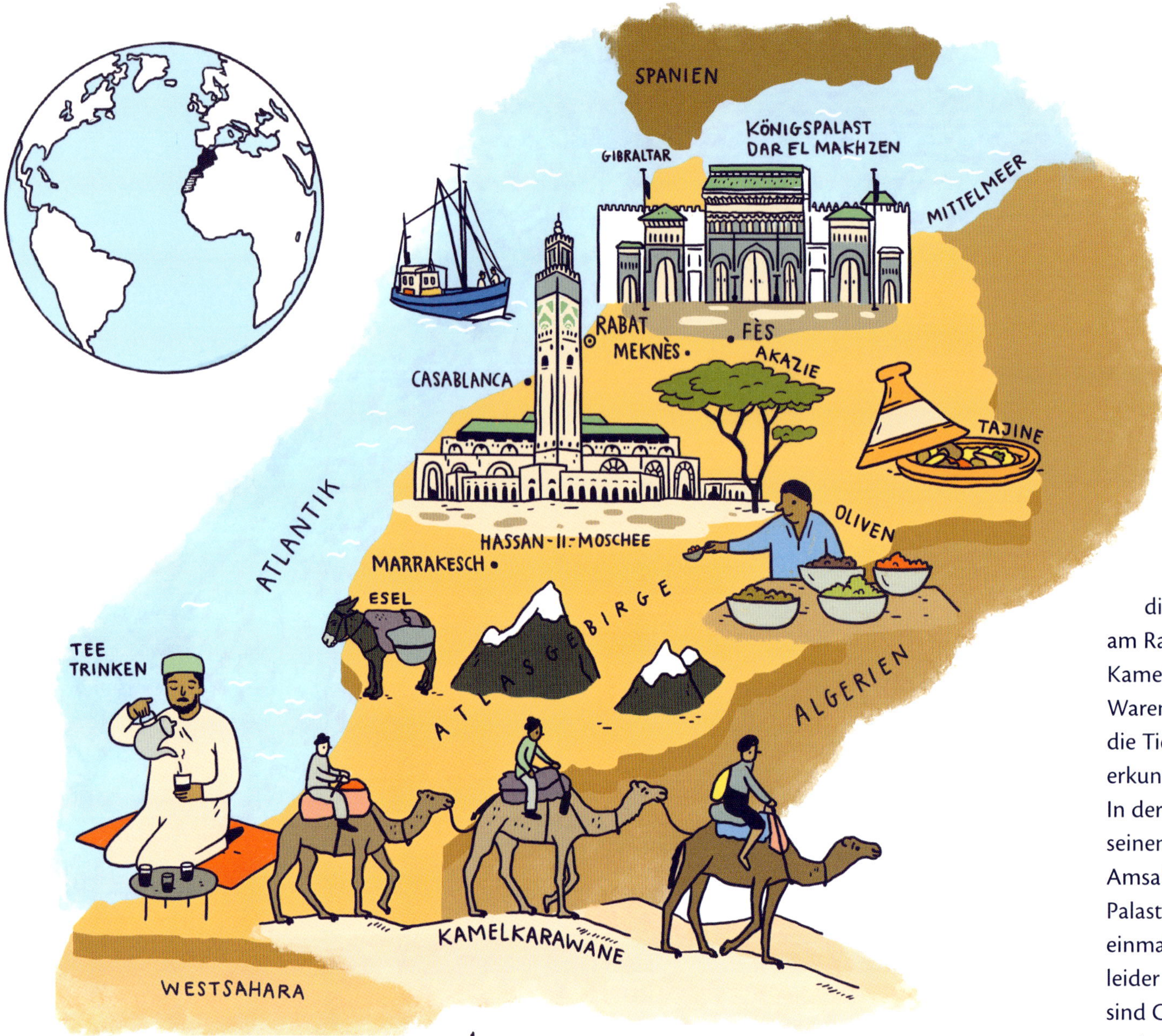

EID AL-FITR

Fest des Fastenbrechens in Marokko

Über das Land

Marokko besitzt eine lange Küste am Mittelmeer und am Atlantischen Ozean. Im Norden reicht ein Zipfel dieser Küste ganz nah an Europa heran. Nur 13 Kilometer breit ist dort die Meerenge von Gibraltar, die Afrika von Europa trennt. Deshalb war Marokko schon immer eine Art Brücke zwischen diesen beiden Kontinenten. Quer durchs Land verläuft das Atlasgebirge und dahinter beginnt die Sahara. Von den marokkanischen Oasendörfern am Rande der Wüste starteten früher die Karawanen. Auf Kamelen brachten große Gruppen von Händlern ihre Waren gemeinsam bis nach Zentralafrika. Heute tragen die Tiere meistens Touristen, die im Urlaub die Sahara erkunden wollen.

In der marokkanischen Hauptstadt Rabat wohnt Zarif mit seinem Bruder Hadir und den beiden Schwestern Rasja und Amsah. Hier hat auch die Königsfamilie ihren prunkvollen Palast. „Ist der König unser Nachbar?", hat Zarif seine Mutter einmal gefragt. „Ja", hat sie geantwortet, „aber er wird uns leider nicht zu sich einladen." Andere große Städte im Land sind Casablanca, Marrakesch, Meknès und Fès. Ihre engen und verschachtelten Marktviertel nennt man *Souks*. Dort drängen sich die Käufer vor den Läden der Händler und in den Werkstätten der Teppichknüpfer. Überall duftet es nach Gewürzen und frischen Früchten – besonders natürlich kurz vor dem Lieblingsfest der marokkanischen Kinder, dem Fest des Fastenbrechens.

OASEN
sind natürliche Wasserstellen in der Wüste. An kleinen Quellen wachsen nur ein paar Dattelpalmen, an großen haben sich ganze Dörfer angesiedelt.

Unser Fest

Zarif und seine Familie sind Muslime, bekennen sich also zur Religionsgemeinschaft des Islam. Sie beten zu Allah – so heißt „Gott" auf Arabisch – und befolgen seine Regeln. Die hat der Prophet Mohammed an die Menschen weitergegeben. Er ist in Mekka geboren, einer der Heiligen Städte des Islam. „Der Prophet war der Abgesandte Gottes", hat Zarifs Vater seinen Kindern erklärt, „er hat vom Erzengel Gabriel die Botschaften Allahs empfangen." Diese Glaubenslehren sind aufgeschrieben im Koran, der Heiligen Schrift des Islam.
Dort ist auch eine der wichtigsten Pflichten der Muslime erwähnt: das Fasten. Einen ganzen Monat lang sollen die Menschen von der Morgendämmerung bis zum Sonnenuntergang nichts essen oder trinken und außerdem viel beten und den Koran lesen. Dieser Fastenmonat heißt Ramadan. In dieser Zeit hat Allah seine Botschaften an Mohammed gesandt. Das Fasten soll die Menschen daran erinnern, wie es ist, arm zu sein und Hunger zu haben. Das so gesparte Geld wird gespendet. Kinder, kranke Menschen, Reisende oder schwangere Frauen sind vom Fasten ausgenommen.
Natürlich freuen sich die Gläubigen, wenn die Fastenzeit zu Ende ist. Sie sind froh und stolz, dass sie die ganze Zeit durchgehalten haben. Kein Wunder, dass dann in allen islamischen Ländern ein großes Fest gefeiert wird: Eid al-Fitr, das Fest des Fastenbrechens. Die Kinder lieben es wegen der vielen Süßigkeiten und Naschereien, die dabei auf den Tisch kommen. In Deutschland wird es deshalb auch Zuckerfest genannt.

MEKKA
liegt im heutigen Staat Saudi-Arabien. Jeder gläubige Muslim sollte die Stadt möglichst einmal im Leben besucht haben.

DER KORAN
besteht aus 114 Kapiteln, Suren genannt. Sie wurden in viele Sprachen übersetzt, die Marokkaner lesen sie natürlich meist im arabischen Original.

2

Vorbereitung

Der Fastenmonat Ramadan richtet sich nach dem Mondkalender und hat daher kein festes Datum. Das islamische Jahr hat zwar auch zwölf Monate, sie bestehen aber aus 29 oder 30 Tagen: Jeder Monat dauert genauso lange wie eine Mondphase zwischen zwei Neumonden. Es ist damit zehn bis zwölf Tage kürzer als das Sonnenjahr, das unserem Kalender zugrunde liegt. So „wandert" der Ramadan durch die Jahreszeiten, und die Muslime begehen ihn Jahr für Jahr ungefähr elf Tage früher. Wenn die Eltern mit dem Fasten beginnen, dann wissen die Kinder, dass auch ihr liebstes Fest nicht mehr fern ist. „Nur noch vier Wochen, dann ist es so weit", sagt Zarif aufgeregt zu seinen Geschwistern.
Aber schon während des Ramadans freuen sie sich jeden Tag auf den Abend. Denn dann kommen die Eltern nach Sonnenuntergang mit Verwandten und Freunden zusammen und die Mutter serviert eine Mahlzeit mit Datteln und Milch, mit Gemüse, Oliven und einer Suppe. Die Kinder dürfen dabei sein und gehen spät ins Bett. Am nächsten Morgen lange ausschlafen geht aber leider nicht, denn das Frühstück muss ja vor Sonnenaufgang stattfinden.
An den letzten Tagen des Ramadans wird es unruhig in der Wohnung. Die Eltern bringen große Mengen Lebensmittel nach Hause. Die Kinder müssen beim Aufräumen und Saubermachen helfen. Außerdem werden die Zimmer mit Blumen und Laternen geschmückt. Die Mädchen malen sich mit Hennafarbe hübsche Muster auf Hände und Arme. Die Mutter backt Konfekt und kleine Küchlein, und auf großen Platten bereitet sie leckere Häppchen und Speisen vor. „Jetzt ist alles fertig für Eid al-Fitr", sagt sie zufrieden.

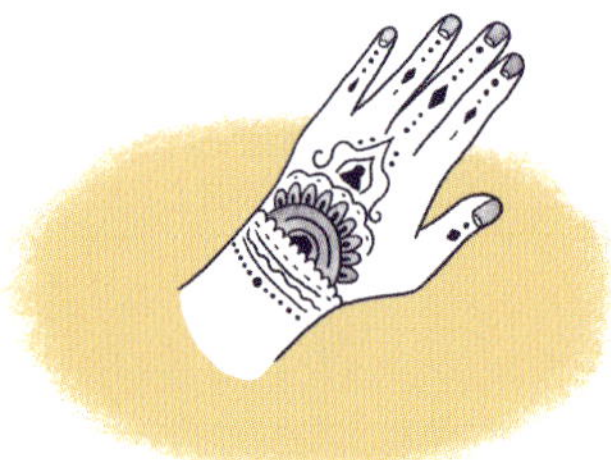

Henna

ist ein natürliches rotbraunes Färbungsmittel, hergestellt aus den getrockneten Blättern des Hennastrauches. In Indien und in arabischen Ländern wird es gern zur Bemalung des Körpers benutzt.

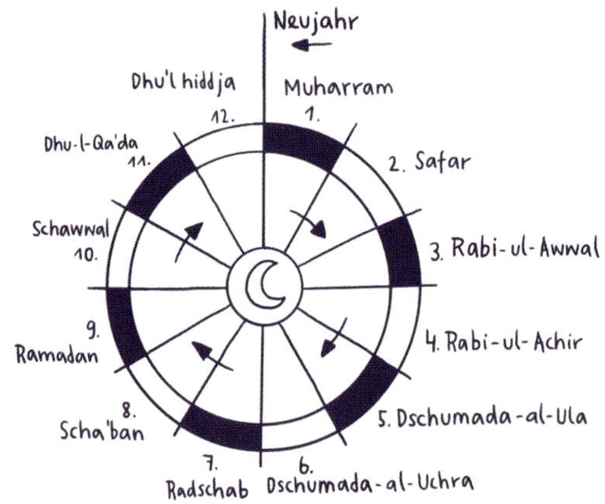

DIE ISLAMISCHEN MONATE
Da sie sich am Mond orientieren, verändern sich die Zeitpunkte der islamischen Monate von Jahr zu Jahr.

Wir feiern

Der Ramadan ist zu Ende, der erste Morgen des dreitägigen Festes beginnt. „Denkt daran, euch heute vor dem Gebet in der Moschee besonders gründlich zu waschen“, ermahnt die Mutter ihre vier Kinder. Außerdem ziehen sie ihre besten Kleidungsstücke an. An diesem Feiertag ist der Andrang in der Moschee wie schon an allen Abenden während des Ramadans sehr groß, da passen nicht alle hinein. Aber vor der Moschee ist genügend Platz. Mit einem eigenen Gebetsteppich kann sich dort jeder hinknien und am Festgebet teilnehmen. Keiner vergisst, sein *Zakat al-Fitr* zu geben, das sind Gaben und Geschenke für die Armen und Bedürftigen. Anschließend versammelt sich die Familie zu Hause. Viele Verwandte sind gekommen. Die Kinder freuen sich über Geschenke. Zum ersten Mal nach einem Monat wird für alle das Frühstück im Licht der Morgensonne serviert. Zarif und seine Geschwister stürzen sich auf das Konfekt, das aus Datteln, Honig, Rosinen, Sesam und Nüssen hergestellt ist. „Ich liebe *Briwat*“, ruft die kleine Rasja. Das sind Küchlein aus Blätterteig, die sie besonders gern mag, wenn sie mit Honig bestrichen und mit Mandelpaste und Zimt gefüllt sind. Später gibt es *Tajine*, einen Eintopf aus Lammfleisch, Gemüse, Oliven, getrocknetem Obst und vielen Gewürzen. Aber danach essen vor allem die Kinder gleich wieder Süßes.

EID MUBARAK –
FROHES FEST!

DIE MOSCHEE
ist das Gotteshaus der Muslime. Vom Minarett, dem hohen Turm, werden die Gläubigen zum Gebet gerufen.

DATTELN
werden in Marokko und vielen arabischen Ländern gern gegessen. Sie wachsen auf Palmen an Flussufern und in den wasserreichen Oasen. Die Frucht ist sehr süß und schmeckt frisch oder getrocknet.

GEBETSTEPPICH
Muslime möchten besonders sauber sein, wenn sie zu Allah beten. Mit einem eigenen Gebetsteppich sorgen sie an jedem Ort für einen sauberen Platz.

MIDSOMMAR

Mittsommerfest in Schweden

Über das Land

Schweden liegt auf der Skandinavischen Halbinsel, zu der auch Norwegen und ein Teil von Finnland gehören. Ganz weit im Norden wohnt Annika Olsson in einem kleinen Dorf. Lappland heißt dieser Teil von Schweden. „Wir leben am Ende der Welt“, sagt Annikas Vater gern. Und tatsächlich gibt es hier sehr wenige Menschen, dafür hohe Berge, dichte Wälder, saubere Flüsse und Seen. In den Tälern grasen Rentierherden. Und natürlich gibt es viele Elche, die sich manchmal bis an den Gartenzaun der Olssons herantrauen. Die großen Städte des Landes – Stockholm, Göteborg und Malmö – liegen im Süden. In der Hauptstadt Stockholm hat die Königsfamilie ihr Schloss, denn Schweden ist ein Königreich. Dort ist Annika noch nie gewesen, es ist zu weit entfernt. Dafür fährt sie mit ihren Eltern manchmal an die Ostsee. Mit einem Boot schippern sie von Insel zu Insel. Schweden hat an seinen Küsten mehr als 200 000 kleine und große Inseln. Viele sind unbewohnt. Dort kann Annika dann nach Lust und Laune herumtoben und sich wie Pippi Langstrumpf Geschichten ausdenken. Meistens fahren sie im Juli ans Meer, kurz nach dem Mittsommerfest. Das Fest selbst feiern sie jedes Jahr mit Verwandten und Freunden in ihrem Dorf – sonst ist es kein richtiges Midsommar!

ELCHE
sind die größte Hirschart. Sie können bis zu 800 Kilogramm schwer werden.

PIPPI LANGSTRUMPF
ist Schwedens berühmtestes Mädchen. Kinder in der ganzen Welt kennen ihre Abenteuer aus den Büchern Astrid Lindgrens.

Unser Fest

Es kann sehr kalt und dunkel sein im Norden von Schweden. In den Wintermonaten taucht die Sonne in Annikas Wohnort tagsüber nur wenige Stunden am Himmel auf. Die Menschen werden in dieser Zeit ein wenig trübsinnig. Auch Annika freut sich, wenn im Frühling die Tage langsam länger und heller werden. „Noch schöner als der Frühling ist der Sommer!", sagt sie. Dann verschwindet die Sonne nur ganz kurz hinter dem Horizont, und es bleibt die ganze Nacht über so hell, dass man keine Lampen braucht. Die Sommersonnenwende Ende Juni bringt den längsten Tag des Jahres. Dann ist es in Annikas Heimat 24 Stunden lang hell.
Weil sie den Winter hindurch im Dunkeln leben müssen, wollen die Menschen natürlich das Licht und die Sonne ganz besonders feiern. Das machen die Schweden und alle Skandinavier an Midsommar, ihrem Mittsommerfest.
Bei Tanz und Gesang wird es das fröhlichste Fest des Jahres. Die Menschen versammeln sich zum Feiern unter freiem Himmel. Alle hoffen, dass das Wetter gut wird. Wer in der Stadt wohnt, fährt dafür am liebsten in ein Ferienhaus oder zu den Verwandten aufs Land.

POLARLICHT
Die Dunkelheit im Norden von Skandinavien hat auch ihre schöne Seite. Im Winter ist dort oft das Polarlicht zu sehen. Eine zauberhafte Mischung aus roten, grünen und blauen Leuchtstreifen flimmert am Nachthimmel.

SOMMERSONNENWENDE
Wenn die Sonne über der Nordhalbkugel der Erde am höchsten steht, ist der längste Tag des Jahres. Er fällt fast immer auf den 21. Juni. Am Wochenende danach wird Midsommar gefeiert. Anschließend werden die Tage allmählich wieder kürzer und die Nächte länger.

Vorbereitung

Endlich Midsommar! Am Freitagmorgen bleibt Annika etwas länger im Bett. Sie will ausgeruht sein für den langen Tag und das große Fest. Denn von Freitagabend bis weit in den Samstag hinein wird gefeiert. „Auch wir Kinder dürfen die ganze Nacht über aufbleiben“, freut sich Annika. Mittags trifft sie sich erst einmal mit ihren Freundinnen am Rande des Dorfes. Auf einer Wiese sammeln sie Blumen, aus denen sie bunte Kränze flechten. Die setzen sie sich später beim Tanzen auf. Mit Blumenkränzen und Girlanden dekorieren sie auch Fenster und Türen und den großen Esstisch. Nach dem Fest werden sie getrocknet und als Zimmerschmuck für den langen Winter aufgehoben.
Inzwischen haben die Jugendlichen und Erwachsenen mitten auf dem Dorfplatz einen großen Holzmast aufgestellt, *Majstång* genannt. Er ist mit grünen Zweigen und bunten Blumen geschmückt. Auf dem Dorfplatz weht die blau-gelbe schwedische Flagge mit dem skandinavischen Kreuz, und in den Gärten hängen bunte Wimpel. Am Nachmittag zieht Annika ihr Lieblingskleid an, es hat ein Muster aus bunten Blumen. Manche Freundinnen tragen zur Feier ein weißes Kleid, andere kommen in der typischen Tracht von Lappland. Annikas Mutter hat am Morgen eine Erdbeertorte gebacken, auf die sich alle schon freuen. Ihr Vater holt die Holzklötze für das Kubb-Spiel aus dem Keller, das beim Fest besonders beliebt ist.

BLUMENKRANZ FLECHTEN

Du brauchst:

- verschiedene Blumen
- Draht
- eine Schere

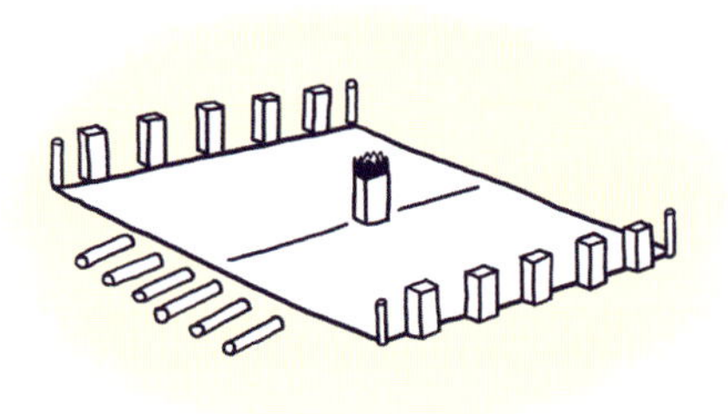

KUBB

Bei diesem Spiel müssen mit Holzstöcken zehn kleine Holzklötze und ein großer „Holzkönig“ umgeworfen werden. Der Treffer auf den König gilt nur, wenn er mit dem Rücken zum Spielfeld durch die Beine erzielt wird.

DAS SKANDINAVISCHE KREUZ

Die Färöer (1), Finnland (2), Dänemark (3), Island (4), Schweden (5) und Norwegen (6): Die Flaggen der nordischen Staaten zeigen alle ein liegendes Kreuz. Jedes Land hat seine eigenen Farben.

Wir feiern

Nach und nach treffen Erwachsene und Kinder auf dem Dorfplatz ein. Niemand bleibt zu Hause. „*Trevlig Midsommar!*", wünschen sich alle – ein frohes Mittsommerfest. Im Kreis um die *Majstång* beginnen muntere Rundtänze, und die Kinder sind natürlich mittendrin. Man hält sich dabei an den Händen oder tanzt hintereinander her. Dazu werden fröhliche Sommerlieder gesungen. Eine kleine Kapelle begleitet die Sänger und Tänzer mit Akkordeon, Geige und Gitarre. „Besonders lustig ist der Froschtanz", findet Annika. Das Lied dazu handelt von kleinen Fröschen, und beim Tanzen gehen alle in die Hocke und ahmen die hüpfenden Bewegungen der Tiere nach. Bis zum frühen Abend wird weitergetanzt und gesungen.

Später geht es zurück in den eigenen Garten. Dort haben Annikas Eltern inzwischen einen langen Tisch gedeckt. Freunde und Nachbarn sind eingeladen zum großen Midsommar-Essen. Alle lieben eingelegten Hering mit Schnittlauch und neuen Kartoffeln. Außerdem gibt es geräucherten Lachs, Fleischbällchen und Knäckebrot mit Käse. Die Kinder lassen genügend Platz für eine große Portion Erdbeeren mit Sahne. Spät in der Nacht wird Annika vom vielen Tanzen, Singen und Essen dann doch müde und legt sich schlafen. Die Erwachsenen feiern weiter bis zum frühen Morgen, denn dunkel wird es in dieser Nacht nicht mehr.

ELFEN UND TROLLE

Früher haben die Menschen an solche Zauberwesen geglaubt. Zum Mittsommerfest sollen die Elfen in weißen Kleidern auf einer Lichtung im Wald getanzt haben. Die hässlichen Trolle aber hielten sich hinter den Bäumen versteckt.

KNÄCKEBROT

Die Schweden und alle Skandinavier lieben Knäckebrot. Es wird in flachen Scheiben sehr heiß gebacken und getrocknet. Deshalb ist es besonders knusprig.

THANKSGIVING

Erntedankfest in Kanada

Über das Land

Neben den USA ist Kanada der zweite große Staat auf dem nordamerikanischen Kontinent. Er reicht vom Atlantischen zum Pazifischen Ozean und wird im Norden begrenzt vom eisigen Polarmeer. Quer durch den Westen zieht sich die gewaltige Bergkette der Rocky Mountains, aber sonst ist das Land flach bis zum Horizont. Es gibt große Städte wie Toronto, Montréal, Ottawa, Calgary und Vancouver, der größte Teil des Landes besteht jedoch aus Feldern, Wäldern und Wildnis. Man findet Tausende von Inseln, Flüssen und Seen, und viele von ihnen haben nicht einmal einen Namen. Manche Gegenden sind menschenleer – es ist zu wild und zu kalt. Nur Tiere wie Bären und Elche fühlen sich hier wohl. In kleinen Dörfern im Norden leben indianische Ureinwohner. Ihnen gehörte einmal das ganze Land, bevor sie von Siedlern und Abenteurern aus Europa bekämpft und vertrieben wurden.

Die Mehrzahl der Kanadier wohnt im Süden. Auch Familie Brown mit den beiden Kindern Bob und Billy ist dort zu Hause. Sie besitzt eine Farm mit riesigen Weizenfeldern. Gelb leuchtet im Sommer das Getreide, soweit das Auge reicht. Kanada ist berühmt für seinen Weizen, der in viele Länder exportiert wird. „Die halbe Welt backt Brot mit unserem Korn", hat Mister Brown einmal zu seinen Jungs gesagt. Deshalb ist für die kanadischen Bauern auch das Erntedankfest im Oktober ein besonders wichtiges Ereignis.

MÄHDRESCHER
Kanadas Weizenfelder werden von kolossalen Erntemaschinen abgemäht. Sie fahren vollautomatisch und erledigen in einer Stunde die Tagesarbeit von vielen Hundert Menschen.

QUÉBEC
Die meisten Kanadier sprechen Englisch. Nur im Osten des Landes, in der Provinz Québec, haben Einwanderer aus Frankreich ihre Traditionen und ihre Sprache mitgebracht.

Unser Fest

Das englische Wort *thanksgiving* bedeutet „Danksagung". Weil sich die Menschen im Herbst für eine gute Ernte bedanken wollen, hat auch ihr Erntedankfest diesen Namen bekommen. Es wird überall in Nordamerika gefeiert. Weltweit bekannt ist vor allem das Thanksgiving der Nachbarn in den USA, aber auch die Kanadier lieben dieses Fest. Die Amerikaner feiern Thanksgiving am vierten Donnerstag im November, die Kanadier schon am zweiten Montag im Oktober. Denn Kanada liegt weiter im Norden, der Herbst beginnt eher, und die Ernte ist früher beendet. Das erste Erntedankfest in Nordamerika sollen im Jahr 1621 die Pilgerväter gefeiert haben. Das waren Auswanderer aus England, die in Amerika eine neue Heimat gesucht und gefunden hatten. Aber zu Anfang hatten sie Mühe, dort genügend Essen zu finden. Nur mithilfe der hier ansässigen Menschen konnten sie überleben, und deshalb feierten sie gemeinsam mit ihnen ein Erntedankfest. „Das ist eine schöne Geschichte", hat Billys Lehrerin einmal erklärt, „aber niemand weiß, ob es zwischen den Ureinwohnern und den Neuankömmlingen wirklich so einträchtig zuging."
Friedlich war auf jeden Fall ein anderes Thanksgiving, das schon 1578 im heutigen Kanada stattfand. Das soll der Seefahrer und Forscher Martin Frobisher auf der Insel Neufundland gefeiert haben. Aber für eine gute Ernte wollte er sich beim lieben Gott damit nicht bedanken. Er war nur froh, dass er von einer gefährlichen Expedition in die Arktis heil zurückgekehrt war. Egal, wie das erste Thanksgiving wirklich aussah – heute ist es bei Kanadiern und Amerikanern gleichermaßen beliebt und sie feiern es auf ähnliche Weise.

ERNTEDANKFEST
wird auch in Deutschland und anderen Ländern Europas gefeiert. Es ist aber kein Familienfest, sondern findet meistens an einem herbstlichen Sonntag als Gottesdienst in den Kirchen statt.

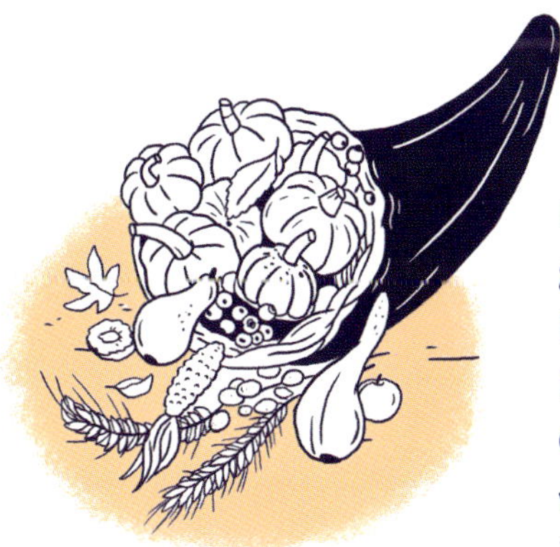

DAS FÜLLHORN
gilt seit alter Zeit als Symbol für Fruchtbarkeit und gute Ernte. Es ist gefüllt mit Blumen, Obst und Gemüse. Zu Thanksgiving verwendet man meistens einen Korb, in dem die herbstlichen Früchte zusammengetragen sind.

Vorbereitungen

Die Temperaturen sinken, an den Bäumen verfärben sich die Blätter, und die Kürbisse sind reif. Bei Familie Brown ist die Weizenernte längst beendet. Nun wird es Zeit, das Erntedankfest vorzubereiten. Überall sind die Häuser und Vorgärten mit Kürbissen dekoriert. Sie sind das Wahrzeichen des kanadischen und des amerikanischen Thanksgiving. Es gibt sie in vielen Formen und Farben: Gelb, orange und grün leuchten sie in der Herbstsonne. Einige Nachbarn basteln drollige Figuren daraus, die sie neben der Eingangstür aufstellen. Auch Bob und Billy bemalen Kürbisköpfe mit lustigen Gesichtern. Bei den Kindern sind die Kürbisse auch deshalb so beliebt, weil man sie nach dem Erntedankfest noch einmal gebrauchen kann: Zwei Wochen später machen sie an Halloween daraus furchterregende Masken und Figuren.
Weil Thanksgiving immer an einem Montag stattfindet, haben die Menschen in Kanada ein langes freies Wochenende. So können auch die Verwandten der Browns von weit her anreisen. Von Samstag bis Montag kommen sie auf der Farm zum großen Familienfest zusammen. Dort ist schon alles bereit: Kürbisse sind in Haus und Garten verteilt. Ein bunter Korb mit Obst und Gemüse steht im Flur. Der Esstisch ist mit Ahornblättern und Blumen geschmückt. *„Happy Thanksgiving!“* wünschen sich alle.

SO WIRD EIN KÜRBISKOPF GESCHNITZT:

Vom Kürbis vorsichtig einen Deckel abschneiden.

Das Innere mit einem Löffel aushöhlen. Daraus könnt ihr Suppe kochen.

Ein gruseliges Gesicht aufmalen.

Das Gesicht mit einem Messer schnitzen. Lass dir dabei helfen!

Den Deckel wieder aufsetzen – fertig.

HALLOWEEN
ist hier das zweite Fest im Oktober. Die Kinder verkleiden sich, gehen von Haus zu Haus und bitten um Süßigkeiten. Zum Spaß erschrecken sie die Leute ein bisschen mit gruseligen Masken und Kürbisköpfen.

DAS AHORNBLATT
Gelb, orange und rot leuchten im Herbst in vielen Teilen Kanadas die Ahornwälder. Deshalb gilt das Ahornblatt als Wahrzeichen des Landes. Man findet es auf Münzen, Geldscheinen und auf der Nationalflagge.

Wir feiern

Das Beste an Thanksgiving ist das große Thanksgiving-Essen. Bei Familie Brown findet es immer am Sonntagnachmittag statt. Nach und nach versammeln sich alle um den großen Esstisch. In vielen Familien spricht der Vater ein Dankgebet, doch bei den Browns gibt es eine andere schöne Sitte: Der Reihe nach darf jeder sagen, wofür er in diesem Jahr besonders dankbar ist.
Anschließend kommt der große Moment: Vater und Mutter holen den riesigen Truthahn aus dem Backofen. Ohne ihn wäre Thanksgiving nicht vorstellbar. Er ist gefüllt mit getrockneten Weißbrotwürfeln, Zwiebeln, Eiern und Gewürzen. Dazu gibt es Süßkartoffeln, Maiskolben, gekochten Kürbis und eine Soße aus Moosbeeren. Diese Mahlzeit ist keine Überraschung, denn alle wollen sie jedes Jahr genau so haben. Auch den Nachtisch: „Juchhu, es gibt wieder Kürbiskuchen", strahlen Bob und Billy. Er duftet schon von Weitem herrlich.
Nach dem Essen freuen sich die beiden Jungs noch auf ein kleines Spielchen: Dafür wird das Gabelbein, ein kleiner, verzweigter Knochen des Truthahns, aufgehoben. Nach dem Essen Bob und Billy ziehen jeder an einem Ende dieses Knochens, bis er bricht. Wer das größere Teil in der Hand hält, darf sich etwas wünschen. Man darf natürlich nicht verraten, was – sonst geht der Wunsch nicht in Erfüllung!

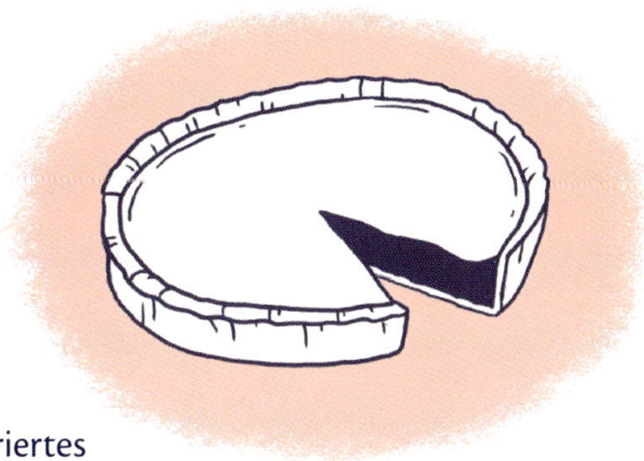

KÜRBISKUCHEN
ist gar nicht schwer zu backen: Püriertes Kürbisfleisch kommt zusammen mit Zimt, Nelken, Ingwer, Ahornsirup, Muskat, Eiern, Kondensmilch und braunem Zucker in einen ausgeformten Mürbeteig und dann in den Backofen.

MOOSBEEREN
heißen in Nordamerika *cranberries*. Sie wachsen auf großen Plantagen, die vor der Ernte mit Wasser geflutet werden. Mit künstlichen Wasserstrudeln werden die Beeren von den Sträuchern gelöst. Sie sind so leicht, dass sie oben schwimmen und einfach eingesammelt werden können.

CHANUKKA

Lichterfest in Israel

Über das Land

Israel hat eine ganz besondere geografische Lage: Dort treffen die Kontinente Asien, Afrika und Europa aufeinander. Der Staat Israel wurde 1948 gegründet und bot verfolgten Juden aus aller Welt eine Heimat. In den Wüstentälern und an den Küsten der Region Levante hatten vor Tausenden von Jahren schon ihre jüdischen Vorfahren gewohnt. Später siedelten hier auch arabische Volksgruppen. Drei große Weltreligionen haben hier ihren Ursprung: Judentum, Christentum und Islam. Jerusalem gilt ihnen allen als Heilige Stadt. Auf dem Tempelberg in Jerusalem steht eine der wichtigsten Moscheen der islamischen Welt, der Felsendom. Nicht weit entfernt liegt die christliche Grabeskirche, die über dem Grab des gekreuzigten Jesus errichtet sein soll. Hier befindet sich auch die Klagemauer, das wichtigste Heiligtum der Juden. Mittendrin wohnt die Familie Levy mit ihrer Tochter Sarah und Sarahs kleinem Bruder Daniel. Sie sind Juden und stolz darauf, dass sich in ihrer Nachbarschaft die anderen Religionen und Kulturen treffen. „Alle sollten das Recht haben, hier ihren Glauben auszuüben", meint die Mutter von Sarah und Daniel. Für sie selbst sind natürlich die eigene Religion und ihre Feste am wichtigsten: zum Beispiel das Befreiungsfest Pessach, das Versöhnungsfest Jom Kippur und im Winter das Lichterfest Chanukka.

DAS TOTE MEER
ist eigentlich ein Salzsee – so salzig, dass Menschen auf dem Wasser liegen können, ohne sich zu bewegen.

DER JORDAN
bildet die Grenze zwischen Israel und Jordanien. Der Fluss ist schon in der Bibel erwähnt. Die Christen glauben, dass Jesus mit seinem Wasser getauft wurde.

Unser Fest

„Warum feiern wir eigentlich dieses Fest?“, hat der kleine Daniel seine Schwester Sarah gefragt. „Und weshalb heißt es Chanukka – Einweihung?“ Da hat sie ihm die Chanukka-Geschichte erzählt: Vor langer Zeit – im Jahre 164 vor unserer Zeitrechnung – war das jüdische Volk in Judäa, wie das Land damals hieß, von fremden Herrschern unterdrückt. Sie verboten den Juden die Ausübung ihrer Religion, und den Tempel nutzten sie für die Anbetung der eigenen Götter. Eine kleine Gruppe der Juden, die Makkabäer, wehrte sich dagegen. Sie vertrieben die Fremden und eroberten den Tempel zurück. Dort sollte auch wieder eine Menorah entzündet werden, ein siebenarmiger Leuchter mit sieben Öllämpchen. Er erinnert daran, dass Gott sechs Tage brauchte, um die Welt zu erschaffen, und den siebten als Ruhetag nahm. Das Licht der Menorah im Tempel durfte nur mit besonders reinem und vom Priester geweihtem Öl entzündet werden. Zu dessen Herstellung brauchte man acht Tage. Doch im Tempel fanden die Makkabäer nur noch einen kleinen Krug mit geweihtem Öl, der höchstens für einen einzigen Tag reichen konnte. Wie durch ein Wunder aber brannte das entzündete Licht bis zum achten Tag, an dem das neue Öl fertig war.
„Und deshalb feiern wir acht Tage lang unser Fest Chanukka“, hat Sarah erklärt. „Wir erinnern uns an die Einweihung des Tempels und an das Wunder des Öls. Der Sieg der Makkabäer über die Feinde der Juden ist uns ein Zeichen, sich auch als kleine Gruppe mutig für den Glauben an den einen Gott einzusetzen und sich für die eigenen Werte starkzumachen. Und wir feiern damit auch die Vertreibung der Dunkelheit durch das Licht Gottes.“

DIE KLAGEMAUER

DIE HEBRÄISCHE SPRACHE
ist vor vielen Tausend Jahren in Judäa entstanden. Sie hat sich in der jüdischen Bibel und durch die jüdische Religion erhalten. Das moderne Hebräisch ist heute Amtssprache in Israel.

DIE HEBRÄISCHE SCHRIFT
ist eine der ältesten der Welt. Die ersten bekannten Texte stammen aus der Zeit des Königs Salomo vor ungefähr 3000 Jahren. Die Schrift wird von rechts nach links geschrieben und gelesen. Das Alphabet hat 22 Buchstaben von Alef bis Taw.

Vorbereitung

Es dauert nicht mehr lange bis zum 25. Tag des jüdischen Monats Kislew, an dem das winterliche Lichterfest beginnt. In diesem Jahr ist Daniel ganz besonders aufgeregt. Denn zum ersten Mal besitzt er seine eigene Chanukkia. Mit seinen acht Kerzen erinnert der Leuchter an das achttägige Wunder im Tempel. Daniel und Sarah haben ihre Leuchter selbst gebastelt. Jeder kann ihn so gestalten, wie er möchte. Wichtig sind nur die acht Arme und ein Sockel für eine neunte Kerze. Sie heißt Schamasch, das bedeutet Diener, denn mit ihr werden die anderen Kerzen angezündet. Die Kinder stellen ihre Leuchter ins Fenster, damit sie die frohe Botschaft des Wunders auch den Menschen auf der Straße verkünden. Dieses heilige Licht ist nur zum Anschauen da, es soll keinen Nutzen haben, also nicht zur Beleuchtung des Zimmers dienen.

Am ersten Abend wird mit dem Schamasch die erste Kerze angezündet, am zweiten Abend sind es dann zwei Kerzen, am dritten drei – und so weiter, bis am letzten Abend alle acht Kerzen nacheinander angesteckt werden. Die erste Kerze wird ganz rechts auf den Leuchter gesteckt. An den folgenden Tagen kommt immer eine von rechts nach links dazu. Angezündet werden sie dann aber von links nach rechts. Auch der kleine Daniel weiß schon, dass alle Kerzen nacheinander angezündet werden und dass die Kerzen mindestens eine halbe Stunde lang brennen sollen.

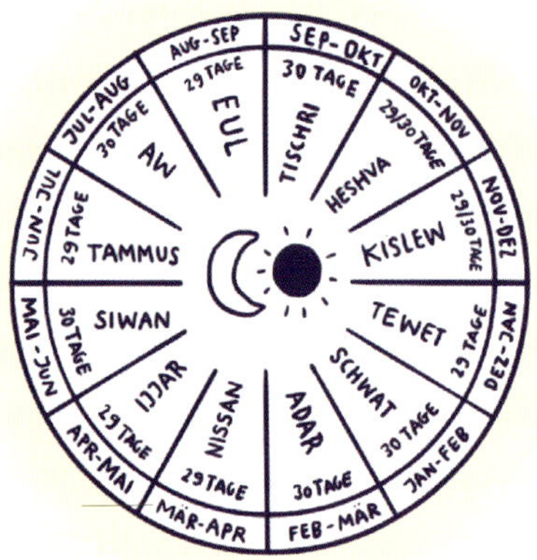

DER JÜDISCHE KALENDER
hat zwölf Monate und richtet sich nach Mond und Sonne. Er beginnt im Herbst mit dem Monat Tischrei und endet im Sommer mit Elul. Das Chanukka-Fest beginnt am 25. Tag des Kislew, des dritten Monats. Dieser Tag fällt im gregorianischen Kalender fast immer in den Dezember.

CHANUKKA-TERMINE
(25. Kislew)
2024: 26. Dezember
2025: 15. Dezember
2026: 5. Dezember
2027: 25. Dezember

Wir feiern

Das Fest beginnt nach Sonnenuntergang, denn im jüdischen Kalender dauert ein Tag nicht von null Uhr bis Mitternacht, sondern von Sonnenuntergang zu Sonnenuntergang. Die ganze Familie versammelt sich. Es werden Gebete gesprochen, Lieder gesungen und das erste Licht angezündet. Sarah erzählt noch einmal die Chanukka-Geschichte. Bis die Kerzen abgebrannt sind, soll niemand eine Arbeit verrichten. So können sich alle auf das Licht und seine religiöse Bedeutung konzentrieren. Die Erinnerung an die jüdische Geschichte bleibt lebendig, und die Familie kommt sich ganz nah.
Zum Gedenken an das Wunder gibt es in Öl gebackene Speisen wie *Levivot* (Reibekuchen) oder *Sufganiot* (Krapfen). Die Kinder bekommen Süßigkeiten und kleine Geschenke. Aber das ist bei diesem Fest gar nicht so wichtig. Dafür können Sarah und Daniel es kaum erwarten, bis sie mit dem *Sewiwon* spielen dürfen. Das ist ein Kreisel, der vier flache Seiten hat. Darauf stehen die vier hebräischen Buchstaben N-G-H-P. Sie sind die Abkürzung für den Satz *„ness gadol hajah poh"*, und das bedeutet: Ein großes Wunder ist hier geschehen. Je nachdem, welcher Buchstabe nach dem Kreiseln oben liegt, gewinnt man alles oder nichts, darf die Hälfte des Einsatzes nehmen oder muss noch etwas dazulegen. Klingt kompliziert, ist aber schnell gelernt. Gespielt wird um Rosinen oder Nüsse. „So, jetzt ist aber Schluss", sagt Vater Levy nach einigen Spielrunden, und die Kinder gehen brav ins Bett. Denn sie haben ja noch sieben Feiertage vor sich und können sich schon auf den nächsten Abend freuen.

LEVIVOT
(in der übrigen jüdischen Welt heißen sie *Latkes*) sind Reibekuchen, die am liebsten mit Apfelmus oder einem Klacks saurer Sahne gegessen werden.

ZUTATEN
8 mehlige Kartoffeln
1 Zwiebel
2–3 Eier
1/2 Tasse Mehl
1 Tasse Pflanzenöl

ZUBEREITUNG
Die Kartoffeln schälen und reiben.
Die Zwiebel klein hacken, mit den aufgeschlagenen Eiern und dem Mehl zu den geriebenen Kartoffeln geben, alles vermengen. In einer Pfanne reichlich Öl erhitzen. Jeweils einen Esslöffel Teig hineingeben, etwas platt drücken und nach zwei Minuten wenden: Die *Levivot* müssen goldbraun sein. Nach weiteren zwei Minuten herausnehmen und auf Küchenpapier abtropfen lassen. Heiß servieren.

SEGENSSPRUCH
Vor dem Anzünden der ersten Chanukka-Kerze werden drei Segenssprüche gesagt:
Baruch ata Adonaj, Elohejnu Melech HaOlam, ascher kideschanu bemizwotaw weziwanu lehadlik ner schel'chanukka.

WEIHNACHTEN
in Österreich

Über das Land

Simone Seipel lebt mit ihren Eltern im Zentrum von Österreichs Hauptstadt Wien. Nicht weit von ihrer Wohnung entfernt, stehen berühmte Kirchen, Schlösser und andere prachtvolle Bauwerke, die jedes Jahr von Millionen Touristen besucht werden. „Eigentlich wohnen wir in einem großen Freilichtmuseum“, sagt Simones Vater oft. Viele dieser schönen alten Gebäude stammen aus der Zeit, als Österreich zusammen mit Ungarn ein mächtiges Reich war, das von den Habsburger Kaisern regiert wurde. Heute gehört Österreich zu den kleineren Staaten in Europa – umgeben von vielen Nachbarländern: Deutschland, Schweiz, Liechtenstein, Italien, Slowenien, Ungarn, der Slowakei und Tschechien.

Der größte Teil des Landes ist von den Alpen bedeckt: mit hohen Bergen, Gletschern, grünen Almwiesen, glasklaren Bächen, blauen Bergseen und gezackten Felsspitzen. Fast tausend Gipfel sind höher als 3000 Meter. Der höchste, der Großglockner, ist sogar 3798 Meter hoch. Die Berge und die vielen Badeseen sind ein beliebtes Urlaubsziel für einheimische und ausländische Besucher. Sie kommen im Sommer zum Baden, Wandern und Klettern und im Winter zum Skiurlaub. Auch die Österreicher selbst sind leidenschaftliche Wintersportler und besonders stolz auf ihre erfolgreichen Skifahrer. Da passt es gut, dass auch ihr liebstes Fest in den Winter fällt: Weihnachten.

SLALOM, RIESENSLALOM, ABFAHRTSLAUF
In Österreich sind die Skifahrer so beliebt wie anderswo die Fußballspieler.

Unser Fest

Weihnachten ist in Österreich und vielen christlichen Ländern das größte Fest des Jahres. Es ist vor allem ein Fest der Familie. Auch wenn Eltern und Kinder, Großeltern und Enkel weit voneinander entfernt wohnen – an Weihnachten kommen sie zusammen. In Österreich sind der 25. – der Stefanitag – und der 26. Dezember – der Christtag – Feiertage. Oft trifft man sich schon am 24. Dezember, dem Heiligen Abend.
Gefeiert wird die Geburt von Jesus, nach dem Glauben der Christen Gottes Sohn. Die Bibel berichtet im Neuen Testament, dass er in Bethlehem zur Welt kam, einem Dorf in Palästina. Ob sich das am 25. Dezember ereignet hat, verrät uns die Bibel aber nicht. Schon früher haben die Menschen im Dezember die Wintersonnenwende gefeiert, und vielleicht hat man deshalb das Weihnachtsfest in diese Zeit gelegt. Die Tage werden wieder länger, und alle freuen sich auf mehr Licht und Helligkeit. Auch die Geburt von Jesus strahlt für die Christen wie ein Licht in der Dunkelheit, und sie soll Hoffnung auf eine bessere Zukunft geben.
Für viele Menschen allerdings ist die religiöse Bedeutung des Festes nicht mehr so wichtig. Sie freuen sich auf eine fröhliche, gemütliche Zeit im Kreis der Familie – und auf die Geschenke. „Ich gehe gern in die Christmette", sagt Simone, „aber natürlich bin ich auch gespannt auf die Geschenke!"

BETHLEHEM
ist heute eine Stadt in der Nähe von Jerusalem und liegt im Westjordanland. Dort leben vor allem palästinensische Araber. Zu Weihnachten besuchen viele gläubige Christen den Geburtsort von Jesus, um dort das Fest zu feiern und zu beten.

DIE BIBEL
besteht aus dem Alten und dem Neuen Testament. Sie wird auch „Heilige Schrift" genannt, weil darin die wichtigsten religiösen Texte des Christentums stehen.

Vorbereitung

Eigentlich beginnt Weihnachten schon ungefähr einen Monat vor dem Heiligen Abend, am 1. Advent. Dann wird in der Familie Seipel der Adventskranz aufgestellt. Simone darf die erste Kerze anzünden. „Da kommt schon weihnachtliche Stimmung auf", freut sie sich. Und die bleibt bis zu den Weihnachtstagen bestehen.
Einen Höhepunkt erreicht die Vorfreude am 5. Dezember, dem Nikolausabend. Dann kommt ein verkleideter Nikolaus, liest den Kindern eine Geschichte vor und fragt, ob sie artig waren. Während der freundliche Nikolaus die braven Kinder beschenkt, soll der Krampus die unartigen erschrecken. Deshalb verkleiden sich am Nikolausabend junge Männer mit wilden Masken und zotteliger Kleidung. Mit viel Lärm ziehen sie durch die Straßen. Simone aber hat nicht wirklich Angst vor ihnen, es ist nur ein großer Spaß.
Vom 1. bis zum 24. Dezember darf Simone jeden Tag ein Türchen ihres Adventskalenders öffnen. Dahinter findet sie immer Süßigkeiten, und mit jedem offenen Türchen kommt Weihnachten ein Stück näher. An einem Samstagnachmittag backen Mutter und Tochter Weihnachtskekse. Die Rezepte stammen von der Großmutter, die hat sie in einem kleinen Heft notiert. Einmal in der Adventszeit besucht die ganze Familie auch den berühmten Wiener Christkindlmarkt am Rathaus. Hier gibt es mehr als 150 Buden und Stände mit Süßigkeiten, heißen Getränken, Tannenbäumen und Weihnachtsgeschenken. Da entdeckt Simone meist noch etwas, das sie auf ihren Wunschzettel fürs Christkind schreiben kann.

SO HEISST ES IN ÖSTERREICH:

Deutschland	Österreich
1. Weihnachtstag	Christtag
2. Weihnachtstag	Stefanitag
Adventskranz	Adventkranz
Adventskalender	Adventkalender
Plätzchen	Kekse
Stände und Buden	Standln

BELIEBTE WEIHNACHTSBÄCKEREI:
Lebkuchen, Vanillekipferl, Zimtsterne, Nussecken, Florentiner, Spritzgebäck

WEIHNACHTSKRIPPEN
werden in der Adventszeit aufgebaut – in Kirchen und daheim. Sie sollen an die Geburt von Jesus in einem einfachen Stall zwischen Ochse und Esel erinnern.

Wir feiern

Am Tag vor dem Heiligen Abend fährt Familie Seipel aus der großen Stadt Wien in ein kleines Dorf in den Bergen. Dort leben die Großeltern auf einem Bauernhof, wo zu Weihnachten die ganze Familie zusammenkommt: Simones Tanten, Onkel, Cousins und Cousinen. Am Heiligen Abend machen die Kinder nachmittags einen Spaziergang im Schnee. In der Zwischenzeit schmücken die Erwachsenen den Christbaum und legen die Geschenke darunter.
Wenn sich dann alle im Wohnzimmer versammelt haben, singen sie gemeinsam ihre liebsten Weihnachtslieder. Anschließend gibt es Bescherung. Es dauert ziemlich lange, bis jeder seine Geschenke ausgepackt hat. Danach setzen sich alle an einen großen Tisch, und das Weihnachtsessen beginnt. „Solange ich denken kann, gibt es am Heiligen Abend immer Karpfen", sagt Simones Großmutter, „das ist in unserer Familie Tradition."
Kurz vor Mitternacht gehen dann alle zusammen in die kleine Dorfkirche zur Christmette.
An den beiden Weihnachtstagen gehen die Kinder bei schönem Wetter zum Rodeln oder auf die Skipiste. Wenn es jedoch schneit, kuschelt sich Simone gemütlich aufs Sofa und liest eines der Bücher, das sie vom Christkind bekommen hat.

„STILLE NACHT, HEILIGE NACHT"
Das bekannteste Weihnachtslied ist im 19. Jahrhundert in Österreich entstanden. Der Text stammt von dem Priester Joseph Mohr, die Melodie vom Komponisten Franz Xaver Gruber.

CHRISTBAUM
Der Tannenbaum soll mit seinen grünen Nadeln und den leuchtenden Kerzen ein Zeichen sein für neues Leben und die Hoffnung auf mehr Licht.

BELIEBTER CHRISTBAUMSCHMUCK
Kerzen, Strohsterne, Glöckchen, Lametta, Glaskugeln, Engel

CHRISTKIND ODER WEIHNACHTSMANN?
In Österreich glauben die kleinen Kinder, dass das Christkind die Geschenke bringt. In anderen Ländern ist es der Weihnachtsmann.

HIER IST PLATZ FÜR DEINE FEIER. MALE SIE AUF!

FÜR KARLOTTA

Volker Mehnert reist als Buchautor, Journalist und Reiseschriftsteller seit Jahrzehnten kreuz und quer durch die Welt. Dabei durfte er in vielen Ländern auch die Feste der Einheimischen mitfeiern. Unvergessen ist sein erstes Thanksgiving, das er als Austauschschüler bei seiner Gastfamilie erlebte – klassisch mit gefülltem Truthahn und Kürbiskuchen.

Lena Schaffer wurde in Santiago de Chile geboren und studierte Illustration und Grafik in Hamburg und im spanischen Valencia. Dort konnte sie zahlreiche kleine und große Feste miterleben. Die kunterbunten Figuren bei dem Fest Las Fallas, die bis in den Himmel hinaufragen, blieben ihr besonders in Erinnerung.
Sie illustriert nicht nur Kinderbücher, sondern auch für Magazine und Zeitungen.

ISBN 978-3-8369-6005-2

1. Auflage 2024

Text: Volker Mehnert
Illustration: Lena Schaffer
Druck: TBB, a.s., Banská Bystrica
Printed in Slovakia
ISBN 978-3-8369-6141-7